Reinhold Stecher
Liebe ohne Widerruf

Reinhold Stecher

Liebe ohne Widerruf

Betrachtungen

Tyrolia-Verlag · Innsbruck-Wien

Mitglied der Verlagsgruppe „engagement"

Die Deutsche Bibliothek – CIP-Einheitsaufnahme

Stecher, Reinhold:
Liebe ohne Widerruf : Betrachtungen / Reinhold Stecher.
– 9. Aufl. – Innsbruck ; Wien : Tyrolia-Verl., 1997
ISBN 3-7022-1423-2

Umschlagbild: Reinhold Stecher
9. Auflage

1997
Alle Rechte bei der Verlagsanstalt Tyrolia, Innsbruck
Satz, Druck und Bindung: Athesia-Tyrolia Druck, Innsbruck

Inhaltsverzeichnis

Begegnung mit Gott

Wenn ich könnte, lieber Leser, würde ich versuchen, in Ihnen und um Sie herum Stille zu schaffen. Ich möchte, daß Ihre Gedanken das Tagesprogramm und alle großen und kleinen Sorgen und Aufgaben und Probleme zurücklassen. Bitte verstehen Sie mich recht: Ich möchte das alles nicht, weil ich meine Worte für so bedeutungsvoll oder gescheit und einmalig halte. Nein, es geht mir wahrhaftig nicht um meine Worte, sondern um das Geheimnis, dem meine Worte dienen wollen: um *Ihre Begegnung mit Gott.* Damit ist Er genannt, dessen Namen ein Gläubiger des Alten Bundes nicht aussprechen durfte – und von dem wir so oft und so leichthin daherreden. Gott! Was soll ich von Ihm sagen? Wie soll ich Ihn Ihnen nahebringen? Ihn, den Unendlichen, von dem wir nicht reden, sondern höchstens stammeln können? – Ein aussichtsloses Beginnen!

Aber im Evangelium des Johannes steht geschrieben, daß der Apostel Philippus beim Letzten Abendmahl zu Christus gesagt habe:

„Herr, zeige uns den Vater – und es genügt uns! Und darauf antwortet der Herr: *Schon so lange bin ich bei euch – und du hast mich nicht erkannt, Philippus? Wer mich gesehen hat, hat den Vater gesehen. Wie kannst du sagen, zeige uns den Vater?"*

Das ist auch die Antwort für Sie und für mich in diesen Minuten: Wir wollen dem menschgewordenen Gott begegnen, wie er uns in der Schrift entgegentritt. Ich möchte gerne zu Ihnen von Christus sprechen. Wer Christus begegnet ist, wer Ihn gehört, gesehen, betrachtet hat, der hat den kennengelernt, der sich sonst in unnahbarer Erhabenheit allem menschlichen Zugriff entzieht.

Liebe ohne Widerruf

Wenn Sie schon einmal bei einem Sterbenden waren, dann wissen Sie, daß man einen Menschen, der in der Nähe des Todes steht, ernst nimmt. Unsere Reaktionen sind nicht mehr so oberflächlich und unüberlegt, wenn wir auf die Worte eines Sterbenden lauschen – und beim Verlesen eines Testaments, in das ein Mensch angesichts seines letzten, großen Schrittes seine Gedanken und sein Vermächtnis gelegt hat, werden wir still. Und wir ahnen etwas von der Größe jedes Daseins. Wir sehen den Menschen in einem Licht, in dem wir ihn noch nie gesehen haben. Die sinkende Sonne kann eine alltägliche Szene in eine unauslöschliche Erinnerung verwandeln.

Daran muß ich immer denken, wenn ich in den Evangelien die Berichte vom Letzten Abendmahl lese, vor allem den Bericht des Johannes. Es ist, als ob sich in diesen Sätzen und Kapiteln die Gestalt Christi zu ihrer letzten, endgültigen Größe erhöbe, als ob der Evangelist noch einmal sagen wollte: Seht ihr, so war Er: so gütig, so geduldig, so fest, so mitfühlend, so taktvoll, so heroisch, so großartig!

Es klingt doch wie eine feierliche Zusammenfassung des Erlöserlebens: *„Jesus wußte, daß seine Stunde gekommen war, aus dieser Welt zum Vater hinüberzugehen, und da er die Seinen in der Welt liebte, liebte er sie bis zum Ende."*

Da habe ich nun eine wunderbare Antwort auf das bange Gefühl der Entfremdung, das mich so oft beschleichen will, wenn ich an Gott denke – und an das Gebet – und an das religiöse Leben, diese von meiner Seele durchaus begründete Hemmung gegenüber dem Allheiligen.

Meine Liebe zu dir, spricht Gott, ist eine Liebe ohne Widerruf! Da Er die Seinen liebte, liebte er sie bis zum Ende. Ohne Christus wüßte ich das nicht. Aber Sein Verhalten ist bis zum letzten Atemzug eine feierliche Bestätigung dafür, daß es sich so verhält: Die göttliche Liebe ist eine Liebe ohne Widerruf. So ist Gott – und so bleibt Er, auch jetzt in diesem Augenblick, da Sie und ich unsere Gedanken zu Ihm erheben.

Und wenn in Ihrem Leben diese Liebe ohne Widerruf auch irgendwie leuchtet, dann hat es einen tief christlichen Zug. In Ihrer Liebe als Mann oder Frau, als Vater oder Mutter, in der Treue zum Beruf, in der Art, mit der Sie sich heute in Ihr Büro oder hinter Ihren Schalter setzen und Ihre Zeitgenossen ertragen. Mit Christus ist viel Liebe ohne Widerruf in die Welt gekommen! Denken Sie nur an alle Gelübde und lebenslangen Dienste, denken Sie an alle eheliche Treue, an alle heilige Verpflichtung, die gehalten wurde!

Irgendwie geht uns eine Liebe ohne Widerruf gegen den Strich, wir möchten ausbrechen und uns freimachen von aller Bindung und der Stimmung folgen, uns selbst zum Maß aller Dinge machen. Jeder von uns hat Stunden, wo es ihm schwerfällt, das zu halten, was er im Leben übernommen hat. Aber nur die Liebe ohne Widerruf in Ehe, Erziehung, Beruf und Pflicht gibt unserem Dasein eine stille Größe und rückt es in die Nähe Gottes.

Die kleinen Lichter genügen

In den Worten, die Christus beim Letzten Abendmahl gesprochen hat, schwingt und bebt heute noch die tiefe Ergriffenheit nach, die Ihn erfaßt hatte. Dieser Augenblick, da Er sich mit Seinen Jüngern am Tisch niederließ, war für Ihn ein ersehnter Höhepunkt Seines Lebens.

Umso peinlicher ist der Mißton, der gleich am Anfang in diese Stimmung fällt. Es heißt: *„Es entstand aber auch ein Streit unter ihnen, wer von ihnen als der Größte gelten könne."*

Wahrscheinlich ist die Sache bei der Wahl der Plätze zum Ausbruch gekommen. Platz und Rang sind im Orient eine wichtige Angelegenheit. Sei es gewesen, wie es will, der Vorfall zeugt von einer geradezu lächerlichen Kleinlichkeit und einer sehr irdischen Gesinnung und verrät, daß die Apostel das Wesentliche überhaupt nicht begriffen hatten. Und hier glaube ich, Christus etwas nachfühlen zu können – und alle Leser, die irgendwie mit Erziehung beschäftigt sind, werden dasselbe empfinden: Wenn man so erlebt, wie offenkundig alles Reden umsonst war, alles

Bemühen vergebens, wenn man so gar keinen Erfolg sieht, dann breitet sich die große Lähmung aus. Es sterben in uns alle Quellen. Manche Formen von Mißerfolg sind für uns wie ein Schlag.

Aber wenn ich nun an den einsamen Mann denke, der da im Obergemach auf dem Sionsberg unter den streitenden Jüngern sitzt: Drei Jahre hat Er sie gelehrt, hat alles mit ihnen geteilt, ist mit ihnen übers Land gewandert und hat gesprochen, auf den Bergen und im Boot auf dem See, an langen, stillen Abenden und auf den weiten Wegen. Was hatte Er für Erfolge? Er hat sich um Menschen bemüht bis an den Rand der Erschöpfung. Tausende sind Ihm zu Dank verpflichtet. Was ist geblieben? Die zwölf hier – von denen einer ein Verräter ist und die anderen um Ränge streiten. Bedenken wir eigentlich, daß das Leben dieses einsamen Mannes Jesus von Nazareth – von außen gesehen – völlig erfolglos war? Wo Ihn die Massen umjubelten – bei der Brotvermehrung, bei Heilungen und am Palmsonntag –, da beruhte das meistens auf einem Irrtum, auf Mißverständnissen. Nur kleine Lichter sind in seinem Leben aufgesteckt: eine arme Witwe, die im Tempel alles opfert, ein wirklich zerknirschter Sünder, die Dankbarkeit der Maria

13

von Bethanien, die Begegnung mit Seiner Mutter, ein schlichter Glaube, ein Zöllner, der Unrecht gutmacht. Der große Erfolg bleibt aus. Auf bekehrte Massen hat Er umsonst gewartet. Der Blick auf den großen Einsamen unter den streitenden Jüngern hat doch Ihnen und mir etwas zu sagen. Warum erwarten wir uns eigentlich in unserem Leben so viel? Warum sind wir so oft enttäuscht, daß sich das große Glück und der sichtbare Erfolg nicht einstellen? Warum sagen wir so schnell: Es nützt sowieso nichts! Müßten wir uns nicht bemühen, die kleinen Lichter wahrzunehmen, die Gott uns an den Weg stellt? Die Freundlichkeit eines Unbekannten, einen herzlichen Gruß, eine Geste der Dankbarkeit, eine Regung menschlicher Güte, ein wenig Hilfsbereitschaft, das Erlebnis der Verläßlichkeit, ein gerechtes Urteil, eine ehrliche Anerkennung. Damit wollen wir zufrieden sein und uns nicht einbilden, wir müßten es besser haben als unser Meister.

Auch ihr müßt einander die Füße waschen

Beim Letzten Abendmahl kam es also trotz der tiefen Ergriffenheit des Meisters zu diesem lächerlichen und peinlichen Rangstreit der Jünger. Nun, wie hat Christus darauf reagiert? – Lesen wir weiter:

„Da stand er vom Mahl auf, legte sein Obergewand ab, nahm ein Linnentuch und band es sich um. Darauf goß er Wasser in eine Schüssel und fing an, den Jüngern die Füße zu waschen. Und mit dem Tuch, mit dem er umgürtet war, trocknete er sie ab. Und danach sagte er zu ihnen: *Versteht ihr, was ich euch getan habe? Ihr ruft mich Meister und Herr – und mit Recht sagt ihr das, denn ich bin es. Wenn nun ich, der Herr und Meister, euch die Füße gewaschen habe, müßt auch ihr einander die Füße waschen. Denn ich habe euch ein Beispiel gegeben, damit auch ihr tut, wie ich euch getan habe. Der Knecht ist nicht größer als sein Herr und der Abgesandte nicht größer als der, der ihn gesandt hat. Wenn ihr das wißt – selig seid ihr, wenn ihr danach handelt!*"

Was muß das für ein Mann sein, der auf soviel Egoismus und Eitelkeit so vornehm reagiert! Überlegen wir es uns gut – es ist Gott der Allmächtige, der hier schweigend mit der Waschschüssel hantiert! Die Allmacht neigt sich zu den schmutzigen Füßen, weil die Menschen die verbildeten Köpfe zu hoch tragen! Es genügt völlig, wenn wir den Blick auf diesem Bild ruhen lassen, das in zweitausend Jahren nichts von seiner Größe eingebüßt hat.

Was Er tut, ist wahrhaftig nichts Besonderes. Es gäbe – gemessen an unserer tüchtigen Art, Weltprobleme zu meistern – für einen Welterlöser zwanzig Stunden vor Seinem gewaltsamen Tod sicher bedeutendere Dinge zu tun, als schmutzige Füße zu waschen. Was wäre nicht noch alles zu sagen und festzulegen und zu ordnen! Wie vieles wäre noch durchzuführen! Die Gutgesinnten von Jerusalem waren an jenem Abend zweifellos viel zuwenig geschult, organisiert und zu einer einheitlichen Aktion eingesetzt. Aber die kostbaren Minuten verrinnen – und der Sohn Gottes, dem dies alles zu bewerkstelligen sicher ein leichtes gewesen wäre, wäscht Füße – ohne Hast und Aufregung, sicher sorgfältiger, als es damals die Sklaven zu machen pflegten.

Und wir müssen versuchen, diesen Wegen der

göttlichen Liebe nachzugehen und sie zu verstehen. Was wollte Er uns sagen? Vielleicht wollte Er sagen: Mein lieber Freund, wenn du den Eindruck hast, daß es in der Welt dunkel wird und die Nächte des Hasses, des Verrates und der Verlogenheit hereinbrechen, dann gilt nur mehr die schlichte Tat der Güte! Und dann muß die echte Liebe sparsam mit den Worten werden und vor allem – will Christus sagen –, vor allem darf der Liebe nicht leicht eine Sache zu klein und zu unbedeutend vorkommen! Und wenn du den Eindruck hast, daß die wohlmeinende Autorität nicht mehr ernst genommen wird, dann mußt du darauf achten, daß sie nicht herrisch, pochend und befehlend, sondern vorbildlich tätig und dienend sein muß!

Die Art und Weise, wie Christus Macht über Menschen ausübt, läßt uns einen Augenblick betroffen schweigen – und es kommt uns in den Sinn, wie anders wir das in unseren Lebensbereichen zu tun gewohnt sind. – Ich glaube, wir ahnen alle, daß dieser mit der Waschschüssel hantierende Gottessohn eindringlicher predigt, wie wenn Er damals vor zehn Mikrophonen einen Vortrag über Autorität gehalten hätte.

... einer wird mich überliefern!

In den letzten Stunden, die Christus mit den Jüngern in jenem Obergemach auf dem Sionsberg in Jerusalem verbringt, jagen sich Licht und Schatten wie in einer stürmischen Mondnacht. Die sich überbietende Güte Gottes und die Fratze des Bösen, das Ja der Liebe und das Nein des Stolzes stehen nebeneinander, das dramatische Hell-Dunkel der Menschheitsgeschichte eilt dem Höhepunkt zu: *„Jesus wurde in seinem Inneren erschüttert und beteuerte: Wahrlich, wahrlich, ich sage euch: Einer von euch wird mich überliefern!"*

Auch wenn wir heute in weitem Abstand diese Worte lesen, fühlen wir noch, wie der Schatten über den Tisch fällt, auf dem das Osterlamm liegt, dieses tausendjährige Symbol der erlösenden Hingabe Gottes: Er ist da, mit seiner ganzen kalten, harten Dämonie, der Schatten des Bösen. Wir kennen ihn auch – in uns – in den anderen – in unserer Zeit, in unserer Geschichte. Und unwillkürlich stellen wir uns die schwere Frage: Warum hast Du ihn hereinkommen lassen in unsere Welt, diesen Schatten des Bösen? Warum ist sie immer dagewesen, und warum hört sie nicht auf, diese düstere Chronik von Mord und Totschlag und Brutalität und Gier und Gemeinheit, von Fanatismus und brennenden Dörfern und hohlen Gesichtern hinter Stacheldraht und getrennten Familien, von treulosen Vätern und verlassenen Kindern – ich weiß nicht, ob Sie die heutige Zeitung schon gelesen haben –, da wird sie ja wieder drinnen sein, die düstere Chronik des Bösen! Warum hast Du das alles zugelassen? In Deiner Macht war doch alles, die Welt ist doch ein Spiel in Deiner Hand? Warum funktioniert dieses Spielzeug so schlecht? Hätten wir aus Deiner Hand nicht eine harmonischere Welt erwarten können?

Liebe Leser, diese Fragen sind verwegen. Hiob hat im Alten Testament darauf eigentlich keine Antwort bekommen. Aber wenn ich an das denke, was uns im Neuen Bund geoffenbart ist, dann glaube ich bei allem Dunkel, das noch bleibt, eine Antwort zu ahnen: Die Welt, sagt Gott, hat für Mich nur einen Sinn: Sie soll die Herrlichkeit Meiner Liebe offenbaren. Deswegen ließ Ich die Sonne kreisen, die Meere rauschen, die Berge entstehen und das Leben sich entfalten – damit ihr seht, daß Ich liebe. Und das

19

Böse und die Sünde, die habe Ich zugelassen, damit ihr seht, daß Ich *trotzdem* liebe. Jede Mutter, jeder Vater, jeder Mensch weiß doch, daß das die größere Liebe ist, wenn man trotzdem liebt. Wenn man ein Kind liebt, das die Liebe eigentlich nicht mehr verdient. Ihr müßtet im Evangelium des Lukas das 15. Kapitel lesen, das Gleichnis vom verlorenen Sohn, dann wißt ihr, warum Ich das Böse zulasse. Ihr sagt, diese Welt sei ein schlechtes Instrument, mit zerrissenen Saiten und Sprüngen, auf dem man Meine Verherrlichung schlecht hören könne. Wer ist der größere Virtuose – der, der auf der Meistergeige schön spielt, oder der, der auf der gesprungenen Geige noch schöner spielt? Ihr habt recht, wenn ihr Klage darüber führt, daß diese Welt ein Instrument mit Sprüngen sei – aber Meine Liebe wird alles übertönen, und alle scheinbaren Dissonanzen werden sich lösen. Ihr werdet hören, am Jüngsten Tag, wie Ich in der Welt das Lied Meiner Liebe gespielt habe, trotz allem Dunkeln und Bösen. Jetzt vernehmt ihr nur da und dort einen Ton – ein Motiv –, aber dann werdet ihr die ganze große Symphonie hören – von Meiner Liebe, die trotzdem geliebt hat!

Es war aber Nacht

Vielleicht möchten Sie zu dieser Stunde lieber frohe und erhebende Gedanken hören, schließlich könnte man ja sagen, das Leben sei sowieso schwer genug.

Aber wenn ich nun hier im Evangelium des Johannes weiterlese, höre ich ernste Worte: „Jesus tunkte den Bissen ein und gab ihn dem Judas, dem Sohn des Simon Iskariot. Und er sagte zu ihm: *Was du tun willst, tue sogleich!* Als jener nun den Bissen genommen hatte, ging er sofort hinaus: *Es war aber Nacht.*"

Mit vier kleinen Worten unterstreicht der Evangelist das, was hier geschieht: Es war aber Nacht! Ist der schlichte Erzähler unter dem Eindruck des Ungeheuerlichen zum Dichter geworden? Es war aber Nacht. Damit ist doch alles gesagt, was in der Sünde liegt: In der Sünde verlöschen die Lichter. Das erste ist das Licht der *Liebe*, das verlöscht. Gott bedeutet mir nicht mehr viel. Ich frage nicht mehr danach, was Sein Gebot verlangt. Die anderen Dinge sind mir lieber. Ein Vorteil, ein Vergnügen, ein Triumph, ein Besitz, eine Bequemlichkeit. Das Licht der Liebe verlöscht nicht so jäh und plötzlich. Die Lauheit erstickt das Licht.

Und das zweite Licht, das verlöscht, ist die *Hoffnung*. Auch wenn es im Tal dunkel geworden ist, kann sich noch der Blick zu den Bergen erheben, auf denen die Sonne liegt. Wir könnten immer noch hoffen, auch wenn es mit uns schiefgegangen ist. Aber auch die Hoffnung kann verlöschen. Man lebt dann in einen trostlosen Alltag hinein, läßt sich von dem und jenem gefangennehmen – wie ein Jagdhund, der jeder Fährte nachspürt und durch die Wälder irrt. Aber man ist kein Wanderer mehr in eine andere, herrliche Welt. Das Licht der Hoffnung erlischt. Es locken nur noch ein paar Neonleuchten bis zur nächsten Straßenecke: Hoffnung auf Erfolg, Einkommen, die nächste Reise, ein bißchen Sensation …

Das dritte und das letzte verlöschende Licht ist der *Glaube*. Der Talnebel bricht herein – und was darüber ist, existiert nicht mehr für mich. Der Mensch hält sich an das, was er erfassen, messen, verwerten kann – und wenn er auf einen Pfad kommt, der sich nach oben windet, weicht er aus. Dabei ist er unglücklich, ohne es sich einzugestehen. Aber sein Leben ist arm.

So verlöschen die Lichter in der Sünde. So sind sie bei Judas verlöscht. Nicht auf einmal. Nein, allmählich, durch drei lange Jahre hindurch. Ein wenig Egoismus, ein wenig Charakterlosigkeit, und dann die Heuchelei. Und jetzt ist es soweit: *Es war aber Nacht.* Stimmt das, ist es wirklich ganz Nacht in diesem Augenblick, in dem Judas den Abendmahlsaal verläßt? – Nein, noch geht ein Licht mit ihm: die Liebe Christi. Das letzte, was Christus Judas antut, ist eine Geste der Gastfreundschaft – und das bedeutet im Orient viel! – Er reicht ihm einen Bissen. Und das letzte Wort, das Er zu ihm sagt – draußen am Ölberg –, wird lauten: Freund, tu das, wozu du gekommen bist! Und das „Freund" ist ernst gemeint!

Eine völlige Nacht der Sünde gibt es darum für uns nicht, solange wir auf dieser Erde leben. Die Güte Christi begleitet uns und wird keinem Ruhe lassen. Nur eine kleine Wendung zu Ihm hin – und der Morgen ist da.

Gott ist in ihm verherrlicht

Als Judas aus dem Abendmahlsaal hinausgegangen war, sagte Jesus: *„Jetzt ist der Menschensohn verherrlicht, und Gott ist in ihm verherrlicht!"*
Wenn ich so in der Heiligen Schrift lese und mit meinem armen kleinen Verstand über diesen Christus nachzudenken versuche – dann ist da eines, was mich immer besonders fasziniert: Es ist ein Mensch vor mir, mit seinen Worten, Gefühlen, Erfolgen, Mißerfolgen, mit seiner historischen Begrenztheit auf einen bestimmten kleinen Abschnitt der Weltgeschichte und des Erdenraumes, ein Mensch wie du und ich, nur fern vom Bösen – aber hie und da steht ein Wort, geschieht eine Tat, die den schlichten Zimmermann von Nazareth in die Mitte des Weltalls stellt – so ähnlich wie einen Kristall, wie eine Linse, die alle Strahlen zwischen Himmel und Erde bündelt. Das ist der Christus, der das All erfüllt und der Weltgeschichte den Sinn gibt – und so müssen Sie dieses Wort lesen: *„Jetzt ist der Menschensohn verherrlicht, und Gott ist in ihm verherrlicht."*

Bei diesem Wort lassen wir den Abendmahlsaal hinter uns – und die Zeit und die Umgebung –, und vor uns steht der Christus, der da ist von Ewigkeit zu Ewigkeit.

Gehen wir wieder einmal betend und sinnend aus von dem Gott, in dem die Fülle des Lebens strömt in der Dreifaltigkeit. Er schafft eine Welt, um sich in sie hineinzuschenken. Gott braucht nichts, Er will sich nur verschenken. Und diese Welt entfaltet sich im Reich der toten Materie, und dann in dem des Lebens in millionenfachen Formen, und dieses Leben erhebt sich über Pflanze und Tier immer höher bis zum Menschen, und diesen Menschen umfängt Gott liebend in Seiner Gnade. Aber noch hat die große Symphonie der Herrlichkeit nicht ihren Höhepunkt erreicht. Der Mensch geht in die Irre, und während er in immer höheren Formen der Kultur immer mehr zu sich selbst kommt und immer gründlicher von der Erde Besitz ergreift, bereitet sich in einem kleinen Volk des Orients der große Augenblick vor: *Er* kommt, der Eingeborene des Vaters, auf den die Welt hin erschaffen war. Er kommt und bringt in die Welt her ein das Leben Gottes in seiner verströmenden Fülle – in Seinem Tod und Seiner Auferstehung. Und Er schenkt sich, Sein Leben und Seine Wahrheit der Menschheit weiter in Seiner Kirche, Er verströmt sich weiter in den Sakramenten, und Er holt diese Welt heim zum Vater – und in welche Akkorde diese große Symphonie der Verherrlichung Gottes sich noch steigern wird, vermögen wir nicht zu ahnen.

Aber eines ist sicher – es wird immer, in alle Ewigkeit nur die Abwandlung des *einen* Motivs sein: *Und das Wort ist Fleisch geworden.* Das ist der große Christus, zu dem hin alle Wege und Linien der Welt zusammenlaufen – und daran freue ich mich immer, weil nur mein Glaube im Vielerlei der Geschehnisse, in der Dynamik der Entwicklungen und im Wandel vom Gestern zum Morgen die große ruhende Schau gibt.

Das ist der große Christus, in dem Gott verherrlicht wird – und daran muß ich immer denken, wenn ich als Priester am Morgen nach der heiligen Wandlung die heilige Hostie in die Hand nehme und über den Kelch das Kreuz zeichne und dazu sage: *Durch Ihn und mit Ihm und in Ihm ist Dir, Gott, allmächtiger Vater, in der Einheit des Heiligen Geistes alle Herrlichkeit und Ehre jetzt und in Ewigkeit!*

Treue bis zum Ende

Man kann sich als Christ nie genug mit Christus befassen. Denn der Irrtum, das Christentum sei primär ein Verein zur Verhinderung schlechter Filme und Zeitschriften oder eine Institution zur zeremoniellen Verschönerung gewisser feierlicher Augenblicke des Lebens – dieser Irrtum ist noch immer sehr verbreitet. Ein Christ sein – das heißt, von Christus erfaßt sein, an Ihn glauben, nach Ihm sich entscheiden und mit Ihm im Leben stehen, von Ihm begeistert sein –, allerdings ohne jede große Phrase. Das muß uns in den Sinn kommen, wenn wir diese Stelle da lesen: „Petrus sagte zum Herrn: *Warum kann ich dir jetzt nicht folgen? Mein Leben will ich für dich geben!*

Jesus erwiderte: *Dein Leben willst du für mich geben? Wahrlich, wahrlich, ich sage dir: Noch ehe der Hahn kräht, wirst du mich dreimal verleugnen!*"

Schon oft habe ich mir gedacht: Was wäre das für eine große Gnade, wenn du den einen oder anderen Menschen für Christus begeistern

könntest! Es wäre zweifellos eine große Gnade
– und, von mir aus gesehen, kaum zu erwarten.
Aber es gibt noch größere Gnaden als eine
augenblickliche Begeisterung. Ich meine hier
weder wunderbare Eingriffe Gottes in die Welt
noch die Gnade mystischer Erhebung. Eine
andere Gnade ist größer für Sie und für mich:
Und das ist die Gnade der *Treue*.
Vielleicht sieht diese Behauptung ein wenig nach
rhetorischer Übertreibung aus. Aber wenn wir
einige Jahre im Leben hinter uns gebracht haben
und zurückschauen und uns dabei nichts vor-
machen, dann müssen wir zustimmen: Das
Größte ist die Treue. – Unsere Natur ist nicht so
ohne weiteres zur Treue gegenüber dem unsicht-
baren Gott veranlagt. Wir haben eine zu leicht
bewegliche Steuerung. Jede kleine Ablenkung
genügt, daß wir wieder in den Graben fahren.
Und aus dieser zum Teil bitteren Erfahrung (die
wir wie Petrus machen müssen) beginnen wir zu
ahnen, daß größer als die Vision eines Heiligen
und der begnadete Geistesblitz eines Theologen
das Leben jener 70jährigen Krankenschwester
ist, die immer noch Dienst tut und immer noch
gleich freundlich ist. Und wer von uns, der im
Leben steht, möchte nicht sagen, daß es eine ausgesprochene Gnade ist, wenn Mann und Frau

ein Leben lang in aller Belastung und Anfechtung zusammenhalten und die Liebe bewahren? Vielleicht eine größere Gnade als eine wunderbare Heilung? – Es ist ganz gut, sich das einmal zu sagen, weil dann mancher von Ihnen, der sich so gar nicht begnadet vorgekommen ist, auf einmal weiß, wofür er zu danken hat. Wissen Sie, welches die größte Gnade ist, die Gott überhaupt zu vergeben hat? Das ist die Treue *bis zum Ende.* Von dieser Gnade hängt unsere Ewigkeit ab. Wir brauchen aber keine Angst zu haben. Diese Gnaden vergibt Gott nicht wie in einem Lotteriespiel. Wer darum betet, wird sie erhalten.

Glaubt an Gott
und glaubt an mich!

Jesus hat beim Letzten Abendmahl Seinen Jüngern drei Dinge vorhergesagt, die ihnen sicher schwer auf die Seele gefallen sind: Seinen Abschied, den Verrat des Judas und die Verleugnung des Petrus. Wir können verstehen, daß über den Kreis der Tischgenossen eine beklommene Stille gekommen ist. Und in diese Stimmung hinein spricht der Herr das Wort: *„Euer Herz erschrecke nicht! Glaubt an Gott und glaubt an mich!"*

Stellen wir uns einmal vor, diese Worte seien von Christus zu uns gesprochen. Treffen sie zu?

Euer Herz erschrecke nicht! Liegt nicht irgendwo in unserer Seele auch eine gewisse Beklommenheit, weil wir uns verlassen fühlen und nicht verstanden und auf uns selbst zurückgeworfen? Oder weil uns der Egoismus in krassen Formen begegnet, auch bei denen, die uns nahestehen? Oder sind wir beklommen, weil wir mit uns selbst zutiefst unzufrieden sind? Haben wir einen Minderwertigkeitskomplex? Euer Herz erschrecke nicht! Christus will diese lähmenden, negativen Affekte nicht. Er möchte unser Herz aus der Lebensangst herausholen.

Glaubt an Gott! Stimmt – das tun wir alle. Aber wie sieht der Gott aus, an den wir glauben? Wir sehen Gott, so ähnlich, wie ein schlampiger Schüler seinen Lehrer sieht, der ihn beim Schwindeln erwischt. Oder wir sehen Gott so an, wie ich zum Verkehrspolizisten hinschiele, wenn ich bei Gelb über den Strich gefahren bin. Über unserem Verhältnis zu Gott liegt eine Beklommenheit, eine gewisse Gedrücktheit. Es ist beinahe ein heidnisches Gottesbild, eine Distanz der Furcht – oder der Gleichgültigkeit, es ist ein „Herrgott", aber kein Vater.

Glaubt an mich! Mit diesen Worten ist eben diese bange Distanz zwischen Gott und uns überbrückt. Gott ist für uns hier nicht die drohende Majestät, die alles herrisch nach links oder rechts einweist; Gott ist ganz anders. Er bückt sich zu einem Krüppel nieder und sagt zu ihm: Sei getrost, mein Sohn, deine Sünden sind dir vergeben! Oder Er hört sich die Beschuldigungen der sittlich Entrüsteten gegen eine Frau an, zeichnet dabei belanglose Figuren in den Sand, macht die Schreier still – und sagt dann: Hat dich niemand verurteilt? Dann will auch Ich dich nicht verurteilen. Geh hin und sündige nicht mehr! Gott sammelt Kinder um sich und redet mit ihnen und segnet sie, Gott mahnt und lehrt und unterrichtet in Geduld und verlangt nicht, daß die Leute sofort alles begreifen, Gott ist zu uns ins Boot gestiegen und ist mit Seiner ganzen beruhigenden Gegenwart da, auch wenn Er zu schlafen scheint und die Stürme über die Wasser der Zeit fegen.

So ist Gott, der sich in Christus offenbart. Und darum müßte das Gottesbild, das wir als Christen haben, andere Züge annehmen – aus dem verblaßten Herrgott oder dem heidnischen Rachegott müßte ein Vatergott werden. Und darum müßte uns dieses Wort zutiefst berühren: *Glaubt an Gott und glaubt an mich!*

Im Hause meines Vaters sind viele Wohnungen

Manchmal kommt es vor, daß man ein Wort aus der Schulzeit nicht vergessen kann, obwohl Jahrzehnte darüber vergangen sind. Mir geht es so mit einem Gedicht von Nietzsche, genauer genommen mit dem Schlußvers jeder Strophe dieses Gedichtes, der immer wieder lautet: Weh dem, der keine Heimat hat!

Mir ist das tief in Erinnerung geblieben – und gelegentlich ist dieser Wehruf wieder aufgetaucht –, wenn da oder dort ein Unglück oder ein Todesfall eine Familie aufgelöst hat, oder im Krieg, in den Flüchtlingsschicksalen, oder heute noch, wenn unter Schulkindern ein Gesicht aufscheint, in dem sich häßliche Szenen oder eine zerbrochene Ehe spiegeln, oder dem die Erfahrung des Geliebtseins fehlt: Weh dem, der keine Heimat hat!

Auf der anderen Seite ist an unserer Zeit doch schön und gesund, daß sie ein großes Verlangen nach Beheimatung hat. Sicher hat die breite Masse noch nie so große Anstrengungen unternommen, um zu einem behaglichen, schönen Heim zu kommen, noch nie war die Freude am Bauen und Gestalten der Wohnung so häufig. Wie viele von Ihnen haben für eine Wohnung gespart und gearbeitet, wie vielen ist das jetzt noch eine Sorge, ein Heim zu schaffen, in dem man sich geborgen fühlt und zu Hause weiß, wo man ein Recht hat und so richtig sein Leben leben kann! – Aber Sie werden mir alle zustimmen, wenn ich sage, daß dieses Gefühl der Beheimatung nicht an Perserteppiche und Traumvillen gebunden ist, sondern daß Heimstatt und Wohnung für den Menschen dort sind, wo er sich geliebt weiß, nicht wo man ihn braucht oder weil er von Nutzen ist, sondern wo man ihn einfach gern hat. Je mehr Liebe, desto mehr Heimat. – Aber auch die beste irdische Heimat bleibt ein flüchtiges Gleichnis.

Christus sagt beim Letzten Abendmahl zu Seinen Jüngern: *„Im Hause meines Vaters sind viele Wohnungen. Wäre es nicht so, hätte ich es euch gesagt. Ich gehe, um euch einen Platz zu bereiten. Und wenn ich gegangen bin und euch einen Platz bereitet habe, komme ich wieder und werde euch zu mir nehmen, damit, wo ich bin, auch ihr seid."*

Die Menschen im Heiligen Land hatten wohl

nicht jenes Heimatgefühl, das unser Volk besonders auszeichnet – aber sie wußten auch, daß man dort geborgen ist, wo man geliebt wird; und dieses Gefühl der letzten Beheimatung wollte Christus den Seinen geben, bevor Er aus dieser Welt ging. Mit diesem schönen Wort von den ewigen Wohnungen will Er zweifelsohne auch unser Herz in der ewigen Heimat verankern, wo uns die Liebe des Dreifaltigen für immer umfangen wird.

Das ist nicht einfach ein billiges Ablenkungsmanöver von den Problemen dieses Lebens. Wir werden an unseren Alltag gehen, heute wie eh und je: Aber hinter unserem kleinen grauen Alltag klingt und singt es mächtig und voll: *Wohl dem, der eine Heimat hat.*

Ich bin der Weg!

Christus wollte Seinen Jüngern vor Seinem Heimgang eine klare Richtung für ihr weiteres Leben mitgeben, Ziel und Route vor Augen stellen – und darum sagte er zu ihnen:
„Und wohin ich gehe – den Weg dahin wißt ihr! Da sagte Thomas zu ihm: *Herr, wir wissen nicht, wohin du gehst – wie können wir den Weg wissen?* Und auf diese Frage sagte Jesus zu ihm das eigentümliche Wort: *Ich bin der Weg!"*
Dieses Wort ist zunächst ungewöhnlich. Es wäre verständlich, wenn Christus gesagt hätte: Meine Worte, Meine Lehre, Meine Gebote und Satzungen und Räte – die *zeigen* euch den Weg, den ihr im Leben gehen müßt! Aber Er sagt: Ich *bin* der Weg! Das ist mehr. Das heißt nicht nur – richtet euch nach dem, was Ich gelehrt und gepredigt habe! Aus diesen Worten müßten wir heraushören, daß die Person Christi in unserem Leben eine größere Rolle spielt, als wir meinen.
Vielleicht kann ich Ihnen dies mit einem Beispiel erklären. Ich erinnere mich an eine Bergtour, die ich allein niemals unternommen hätte. Aber ich

kam mit einem Bergführer zusammen, der so absolutes Vertrauen erweckte, daß ich mich mit ihm zu dieser Tour entschlossen habe. Er hat mich ans Seil genommen und ist vorausgegangen. Ich habe ihm genau zugeschaut, wie er alles genommen hat, Griff für Griff und Stück für Stück, von Vorsprung zu Vorsprung. Und er machte das alles so großartig sicher und ruhig – wenn dann der Ruf von oben kam: Nachkommen! –, dann gab es gar keinen Grund zur Aufregung. Da hinauf gab es keinen Weg, weder auf der Karte noch in der Natur – aber dieser Mann –, auf ihn habe ich *vertraut,* ihm habe ich genau *zugeschaut,* mit ihm war ich durch das Seil *verbunden. – Er war mein Weg.* Es hätte mir gar nichts genützt, wenn er mir einfach in der Hütte drunten gesagt hätte: Da und da mußt du gehen, diesen Tritt, diesen Griff ausnützen, dort nach rechts ausweichen. – Ohne ihn wäre ich nie hinaufgekommen.

So ähnlich hat es wohl Christus gemeint, wie Er gesagt hat, daß *Er* der Weg sei. Das heißt, daß wir auf Ihn *persönlich* angewiesen sind. Wir müssen auf Ihn *vertrauen,* auf Ihn *schauen,* mit Ihm *verbunden* sein. Christ sein heißt, nicht nur eine Lehre annehmen, Gebote und Gesetze für richtig und weise halten, Christ sein heißt, mit Christus verbunden sein – natürlich, Ihn auch zum Vorbild nehmen. Aber Er muß mich am Seil haben, ich muß mich Ihm anvertrauen, auch wenn es hinauf ins Unbekannte geht. Sie wissen, wie sich das persönliche Vertrauen zu Ihm ausdrückt: im tiefgläubigen *Gebet.* Sie wissen, wo Sie auf Ihn schauen: in der *Schrift,* im Wort Gottes. Sie wissen, wie Sie mit Ihm verbunden bleiben: *im Sakrament.*

Lassen Sie sich von Christus an das Seil nehmen, und machen Sie sich nicht allzu viele Sorgen über das, was die kommenden Stunden und Tage verbergen. Er weiß alles – und darum ist es nicht so wichtig, was heute in der Route Ihres Lebens auf Sie wartet: ein Überhang, ein schwieriger Klimmzug in einer großen Aufgabe, vielleicht auch ein Rastplatz, eine herrliche Aussicht, Wolken oder Nebel – oder vielleicht, rascher als wir meinen –, das Gipfelkreuz. Sei es, wie es sei: Auf Ihn schauen, Ihm vertrauen, mit Ihm verbunden sein: *Er ist der Weg!*

Ich bin die Wahrheit!

Was hat Christus wohl gemeint, wie Er zu Seinen Aposteln gesagt hat: *Ich bin die Wahrheit?* Was soll das heißen? Ist damit die Wahrheit in den Köpfen der Professoren gemeint, die Wahrheit, die in tausend Büchern gespeichert ist? Meint Er damit: Ich bin die Gelehrsamkeit schlechthin, ich bin der Inbegriff dessen, was man wissenschaftlich überprüfen kann? Oder soll das vielleicht heißen, daß alles, was Christus sagt, eben stimmt, daß Er „wahrhaftig" ist? Sicher trifft das zu – aber wenn wir heute das Wort „Wahrheit" aussprechen, so denken wir an Sätze und Beweise und lauter blasse Theorie. Aber zur Zeit Jesu lag etwas anderes darin.

Ich denke an die vielen Menschen, die jetzt unterwegs sind. Sie sind alle auf der Suche nach dem wirklichen Leben, nach etwas, was sie ausfüllt. Der junge Mensch, der heute vielleicht über seine freien Stunden nachdenkt, würde das so formulieren: Ich gehe dorthin, wo etwas los ist, wo es rundgeht. Der andere, der sich bei der Kinokasse anstellt, möchte auch für zwei Stunden das wahre Leben sehen und mitempfinden. Wer den Fernsehapparat aufdreht, der möchte dabei sein, teilnehmen an den großen Ereignissen, mit dem wirklichen Leben verbunden sein. Wer sich hineinwirft in den Rausch des Sportes, für den ist der Fußballplatz oder die Eisbahn oder die Felswand die Wirklichkeit, die ihn gefangennimmt – und für die Mutter werden es die Kinder sein, ihr Spiel und ihre Worte, ihre Einfälle und Vertraulichkeiten; das macht für die Mutter das Leben lebenswert. Und der Mann, der sich über den Konstruktionstisch beugt, der wird vielleicht in seiner Arbeit, in seiner Aufgabe das wahre Leben suchen. Alle, alle, die mit uns den Tag heute beginnen, sind auf der Suche nach dem lebenswerten Leben, nach der Wirklichkeit, die sie ausfüllt. Sie suchen und finden Echtes und Unechtes, Wahres und Falsches. Aber alle suchen.

Und zu diesen Menschen, die auf der Suche sind, damals wie heute, sagt Christus: *Ich bin die Wahrheit!* Das heißt: Ich bin die Wirklichkeit, die immer gilt, Ich bin die Wirklichkeit, die dich letztlich ausfüllt, Ich bin das wahre Leben. Ich mache dein Leben lebenswert in allen Situationen, Ich bewahre dich vor dem Leerlauf, Ich gebe dem Leben einen Wert, der bis in die Ewigkeit reicht. Ich gebe ihm einen Wert, selbst wenn du dich leer fühlst. Ich bin immer da mit Meiner ganzen göttlichen Fülle. Und wenn alles andere, was dein Leben erfüllt, blaß wird, dann verblasse Ich nicht. Ich bin der Ewige, auf den du dich verlassen kannst. Alles andere vergeht: Der tollste Tanz hört auf, das spannendste Spiel der Leinwand verlöscht, der größte Sieg auf dem Sportplatz wird vergessen, die feinste Familie, das trauteste Heim mußt du einmal verlassen: Ich aber bin die Wahrheit, die immer gilt, die jeden erfüllt!

Vater, dein Wille geschehe!

Wenn das Stichwort „Heldentum" fällt, regt sich bei uns ein gewisses Mißtrauen. Wenn ich so vor einer Reiterstatue stehe, die vom Säbel bis zur Schwanzspitze verwegene Kühnheit darstellt – oder wenn ich an einem der vielen Kriegerdenkmäler vorbeikomme, wo sich heroische Kolosse mit schmalen Lippen und wuchtiger Waffe erheben – oder wenn mein Blick auf die Kinoplakatwände fällt, von denen kantige Gesichter unter breiten Trapperhüten herabstarren – inmitten rauchender Pistolen und sich bäumender Pferde –, dann verstehe ich, daß es die Karikaturisten juckt. Das Angebot an unechtem Heldentum ist verhältnismäßig noch immer sehr groß. An und für sich geht durch unsere Zeit eine gewisse gesunde Nüchternheit, die gegen den Überschwang des Gefühls und gegen Pathos und Pose ein ehrliches Mißtrauen hegt. Wir suchen alle den Helden – wehe der Zeit, die nichts von ihm wissen will –, aber er müßte ein Mensch bleiben, der trotz aller Schwierigkeiten und Gefahr dem höheren Gesetz folgt – ein Mensch, der um diese Haltung ringt – und still und entschlossen seinen Weg geht. Das ist der glaubhafte Held.

Und weil Sie sicher auch dieser Meinung sind, darf ich mich mit Ihnen getrost auf den Weg machen, um ein echtes Heldentum zu suchen. Wir steigen hinunter in das Kidrontal, östlich von Jerusalem, überschreiten die Brücke und treten in den Garten von Gethsemani ein. Und wenn wir an einigen verschlafenen jungen Männern vorbeigekommen sind – finden wir *Ihn,* den Sohn Gottes, auf den Steinen des Gartens. Das ist nichts von heroischer Pose und lässiger Überlegenheit. Der Welterlöser liegt vor uns ganz als Mensch, als Ringender, in dem sich alles aufbäumt gegen das Kommende, gegen Ungerechtigkeit und Haß und gegen den Triumph der Dämonie – und der doch sagt: *Vater, nicht mein, sondern dein Wille geschehe ...* Wie ist das möglich? Hat Er vergessen, daß Er der Herr der Heerscharen ist? Ist Er sich nicht Seiner göttlichen Allmacht bewußt? – Offenbar will Er kein billiges Heldentum. Und darum läßt Er es zu, daß Sein menschliches Herz erschüttert ist und von Trauer überflutet. Und Er schämt sich nicht, sich uns so zu zeigen. Darum hat Er Zeugen zugelassen. Soviel haben die drei Schlaftrunkenen gerade noch mitbekommen. Sonst haben sie Ihm in dieser Stunde wahrhaftig nichts gegeben. Er hat auch auf das verzichtet, was viele andere Helden hatten: den Freund, den Kameraden.

Es ist so, daß Gott manchmal von Menschen den heroischen Einsatz fordert – nicht oft –, und wenn, dann kommt der Engel des Trostes meistens rascher, als er bei Christus kam – aber manchmal verlangt Gott das Heldentum: von der Mutter, die sich mit den Kindern müde arbeitet, vom Mann, der wegen seiner Überzeugung Zurücksetzung oder Lächeln erfährt, von der Frau, die einen unmöglichen Gatten ertragen muß, vom Kranken, der ein Übermaß an Geduld aufbringen soll, vom jungen Menschen, der vor der Entscheidung des geistlichen Berufes steht. Vielleicht auch von dem einen oder anderen unter Ihnen. – Die ganze Schwere der Lebensaufgabe spüren – und doch still und entschlossen seinen Weg gehen, weil es das höhere Gesetz verlangt –, ich glaube, wir müssen den Ringenden vom Ölberg bitten, daß dieses Heldentum nicht ausstirbt, dem man keine Denkmäler setzt.

Du hättest keine Macht

Wer sich einen Sinn für Dramatik bewahrt hat, kommt an der Szene im Leiden Jesu nicht vorbei, in der der gefesselte Christus vor dem römischen Statthalter steht. Pontius Pilatus – was wissen wir von ihm? – ist Römer, durch die Gunst Sejans, des allmächtigen Höflings, Statthalter von Judäa, oberster kaiserlicher Beamter im Lande. Wenn man aus zeitgenössischen Berichten eine Dienstbeschreibung zusammenzusetzen versucht, fällt sie nicht sehr gut aus: ehrgeizig, hart, bestechlich, rücksichtslos. Aber wir müssen vorsichtig sein – das meiste stammt von seinen Gegnern. Immerhin – ein allzu zartes Gewissen hat ihn nicht belastet. Er ist den Juden feindlich gesinnt – hat dies schon mehrmals gezeigt, und auch schon mehrmals den kürzeren gezogen. Als Mann, der mit beiden Beinen in der Politik stand, hatte er für höhere geistige Interessen kaum Zeit. Den Luxus einer tieferen Überzeugung leistet er sich nicht. Sein Achselzucken beim Worte „Was ist Wahrheit?" drückt das unmißverständlich aus. Wir müssen ihm aber nicht jede gute Regung absprechen. Wie das Eingreifen seiner Frau nahelegt, war sie tatsächlich die bessere Hälfte.

Der Fall Jesus von Nazareth ist für ihn aus mehreren Gründen ärgerlich und beunruhigend. Nach einem formellen Freispruch hat er den tobenden Ratsherren nachgegeben und eine Reihe fauler Kompromisse versucht, die alle fehlgeschlagen sind: die Überstellung zu Herodes, das Manöver mit Barabbas, die völlig ungerechte Geißelung. – Beunruhigend ist vor allem der Mann selbst, der vor ihm steht: Blutig geschlagen, im Spottmantel, sagt Er nach langem Schweigen: „*Du hättest keine Macht über mich, wenn sie dir nicht von oben gegeben wäre. Deshalb hat der, der mich dir ausgeliefert hat, eine größere Schuld!*" Pontius, der sich wenig später nervös die Hände wäscht, hat Sicherheit und Gesicht verloren. Vor der Majestät dieses Gefangenen hat die Fassade des Machtpolitikers Sprünge bekommen.

Pilatus vor Christus. – Vielleicht ist Ihnen der Gedanke gekommen, daß es diesen Pilatus auch in neueren Auflagen gibt: weltanschaulich haltlos, Kompromiß auf Kosten des Rechtes, Angst um Stellung, Titel und Futterkrippe – genauso wie ... Lassen wir das.

Mir fällt auf, daß im Wort Christi an Pilatus ein feiner Ton Mitleid mitschwingt: Du hast ja geringere Schuld, du bist ein Gehetzter, Gejagter, Erpreßter, du mußt um Posten und Einfluß und Macht und Geld bangen! – Wie gerecht ist Christus mit Pilatus, der bestimmt kein besonders guter Mann war! Wie ungerecht sind wir mit dem Mann im öffentlichen Leben, wie rasch tun wir ihn ab. Was drängt alles an ihn heran! Womit muß er rechnen! Bleibt ihm noch Zeit für eine Besinnung? Wo muß er die Grenze ziehen, bis wieweit den Kompromiß wagen? Welches Übel soll er wählen? Wie schwer ist es, persönliche Vorteile beharrlich abzuwehren, einen Freund vor den Kopf zu stoßen? – Ich glaube, wir sollten für unsere Politiker auch einmal beten, damit sie eine klare Überzeugung haben und damit sie das Recht wahren und zu ihrem Wort stehen und damit sie sich nicht von einigen unter Druck setzen lassen – und damit die Sklaven hinterher nicht immer mit den Wasserschüsseln laufen müssen!

Der verhöhnte König

Vielleicht möchten Sie sich in diesen Minuten geistigerweise am liebsten in stille, hohe Kathedralen führen lassen, in denen uns ein frommer Schauer anweht. – Es tut mir leid, aber ich muß Sie heute in einen Kasernenhof einladen. Kasernenhöfe vermitteln keinen frommen Schauer, vor allem nicht der Kasernenhof der Burg Antonia in Jerusalem, in dem ein ekelhaftes Spektakel herrscht. Den Söldnern der syrischen Legion wird ein seltenes Vergnügen geboten: Endlich hat man einen Messiaskönig dieser jüdischen Nationalisten, mit denen man sich seit Jahr und Tag in einem gnadenlosen Kleinkrieg herumschlägt. Endlich haben sie, die syrischen Söldner, einen führenden Mann ihrer Erbfeinde, an dem sie ihr Mütchen kühlen können. Man spielt Triumphator mit der bleichen Gestalt. Siegeskranz, Purpurmantel, Feldherrnstab – alles ist da. Der Spaß kann losgehen. Das entschädigt für viele, harte Einsätze, die einem dieses verdammte, fanatische Volk eingebrockt hat. Der blasse, blutende Mann inmitten der höhnenden, tobenden

Meute schweigt. – Warum sagt Er nicht, daß ihn die Fanatiker des eigenen Volkes hassen, weil Er eben *nicht* ein Messias nach ihrem Herzen sein wollte? Warum sagt Er nicht, daß Er damals in die Berge ging, als sie Ihn mit Gewalt zum König machen wollten? Warum redet Er nicht davon, daß Er immer schon gegen Gewalt und Schwert und Dreinschlagen war? – Es sind so viele samaritanische Soldaten da – wissen sie denn nicht, daß Er nie in die Haßreden der Juden gegen die Samaritaner eingestimmt hat? Hat Er nicht seine Apostel hart angefahren, als sie in ihrem Zorn Feuer und Schwefel auf die Dörfer der Samariter herabrufen wollten? Und ist nicht eines Seiner schönsten Gleichnisse das vom barmherzigen Samariter? Warum sagt Er nichts davon? – Er schweigt und büßt für allen Nationalhaß dieser Welt, der das Leben der Völker vergiftet.

Und wir? Wir stehen da und fingern verlegen in den dunklen Seiten unserer Kirchengeschichte, in denen geschrieben steht, was Christen mit Christen und mit Juden und mit Heiden getan haben. – Wir stehen da, vor dem dornengekrönten Christus – mit unseren leichtfertigen Pauschalurteilen über andere Völker, mit unserem Unverständnis für fremde Art, mit aller überheblichen Klassifizierung, mit allen subjektiven

Abneigungen hin bis zu ausgesprochenen Gehässigkeiten. Wir stehen da – und es kommt uns in den Sinn, daß wir Christen den Weg in den Kasernenhof der Antonia viel öfter und viel früher antreten hätten müssen.

Aber ganz umsonst war es jetzt auch nicht! Es wird uns das nächstemal bestimmt einen Stich geben, wenn wir wieder einmal sagen: Typisch amerikanisch – lauter Gangster! Hör mir auf mit den Italienern – alles eine Bande! Ach, diese orientalischen Kameltreiber, einer wie der andere! – Natürlich, wir meinen das alles nicht so ernst. Aber aus vielen kleinen Tropfen Haß und Ablehnung wurde einmal schon eine schmutzigbraune Flut, die sechs Millionen Menschen in den Tod spülte. Darum müssen wir das alles ernster nehmen. Darum müssen wir uns persönlich zusammennehmen und darauf achten, daß nicht unbeherrschte Gefühle und gehässige Gedankenlosigkeit weiterhin die leeren Seiten der Weltgeschichte besudeln. Und darum dürfen wir vom dornengekrönten Christus nicht nur mit ein paar frommen Gefühlen weggehen.

Was geht das mich an?

Simon von Cyrene war vermutlich das, was man einen ruhigen Bürger nennt. Eine genauere Analyse des griechischen Textes legt nahe, daß er vor der Stadt ein Landhaus besaß. Villenbesitzer haben Sinn für ein gepflegtes privates Dasein. Simon kehrt zurück in die Stadt. Hinter dem Nordtor Jerusalems begegnete ihm der Zug mit dem zum Tode verurteilten Jesus von Nazareth. Ringsherum die Soldaten, die fanatische Meute, dahinter die triumphierenden Ratsherren. So ein Schauspiel läßt man sich nicht entgehen. Simon wird sich das mit einem Gemisch von Gruseln und Neugierde ansehen, um dann mit dem beruhigenden Gefühl nach Hause zu gehen, daß *ihn* diese turbulenten Ereignisse nicht berühren. Der brave Bürger hat in der Welt bekanntlich immer den Logenplatz.

Wenige Minuten später ist es geschehen. Simon verwünscht das Geschick, das ihn ausgerechnet jetzt in diese Straße geführt hat. Er verwünscht seine mangelnde Geistesgegenwart, die ihn nicht rechtzeitig in eine Seitengasse verschwinden hieß. Er verwünscht die Soldaten, die ihn in die peinliche Situation gebracht haben, den schmerzenden, rohen Balken zu schleppen – eine ausgesprochene Schande –, wie kommt er überhaupt dazu? Ich muß Ihnen gestehen – Simon von Cyrene hat es mir angetan. Warum? Ja, sehen Sie, wenn ich so die Menschen rund um den leidenden Christus betrachte: die rohen Soldaten – das sind wir nicht; die fanatischen Schreier – das sind wir auch nicht; die gehässigen Hohenpriester – das sind wir auch nicht; aber Simon von Cyrene – *das sind wir*. Wenn wir nicht genau wüßten, daß er aus Nordafrika stammte, könnten wir ihn für einen gebürtigen Österreicher halten. Warum?

Ich glaube, wir wollen den Tag doch alle zutiefst so leben wie Simon: ordentlich, ruhig, normal. Ein wenig werden wir uns in die Loge setzen, vor das Fernsehgerät oder den Radioapparat und die Zeitung – und werden unter anderem Elend und Katastrophen und Skandale und die Leiden der Menschheit an uns vorüberziehen lassen – so möchten wir es doch alle.

Und auf einmal steht das Kreuz über *uns*. Eine Sorge, die unsere Kinder betrifft, ein Unglück, das die Familie angeht, ein Todesfall. Ein ärztliches Attest, das für einen Augenblick unser

Herz stillstehen läßt, eine Intrige, die unser Bemühen zum Scheitern bringt, eine Blamage, die uns Arbeit und Dasein vergällt … Auf einmal steht das Kreuz über uns. Und wir begehren auf. Und nun käme es darauf an, daß wir verstehen, daß Gott zwei Arten von Gnaden hat: helle und dunkle. – Die hellen sind Sonnenstrahlen, Trost, Freude, wohltuende Erlebnisse. Die dunklen sehen gar nicht wie Gnaden aus. Es sind belastende Ereignisse, die sich wie Regiefehler in der Weltregierung ausnehmen. Und mit dem *Tragen* und *Ertragen* kommen wir darauf, daß uns diese Dinge Christus nähergebracht haben als alle hellen Gnaden zusammen. Wenigstens hie und da ist es uns auch schon in dieser Welt vergönnt, die alte Wahrheit zu erkennen, daß Gott auf krummen Zeilen gerade schreibt. – So wie das auch Simon später erkannte, als er und seine Söhne Alexander und Rufus schon längst zur Christengemeinde zählten – und das Ereignis auf dem Kreuzweg den Ehrenplatz in der Familienchronik einnahm.

Blitze des Karfreitags

Wir feiern Karfreitag. In den Türmen schweigen die Glocken. In schmucklosen Kirchen werfen sich die Priester auf den Boden. Über dem Tag liegt das Dunkel von Golgatha. Wir stehen in dieser Stunde der Finsternis neben dem Kreuz, um das der Haß brandet. – Hat denn die Botschaft der Bergpredigt sowenig Widerhall gefunden? Da sind sie alle, an denen diese Botschaft abgeprallt ist; zu denen sie gar nicht hingekommen ist: die reichen Sadduzäer, die Großkapitalisten von Jerusalem, für die es anscheinend nur Macht und Geschäfte gibt, auch unter dem Deckmantel des Hohenpriestertums. Und die Pharisäer – eng, verknöchert, bildungsstolz; mit bewunderungswürdiger Intelligenz haben sie sich eine Religion zurechtgezimmert, in der für Gesetze, Regeln, Waschungen und Zeremonien viel, aber für die Liebe kein Platz war. Und da sind die Fanatiker, die das Reich Gottes mit Feuer und Schwert durchsetzen wollten und von einem irdischen Paradies träumten. Für sie ist Jesus von Nazareth die große Enttäuschung, weil Er sich ihrer Sache nicht angenommen hat. Und da sind die römischen Söldner – gleichgültig, roh, geübt im Töten. – Nein, Er ist nicht angekommen bei den Menschen. Die Finsternis, die in den Herzen lagert, ist bedrückender als das Dunkel der nachmittägigen Stunde, das über dem Sterben des Welterlösers liegt.

Aber wir wollen nicht nach dem Dunkel, sondern nach den Blitzen Ausschau halten, die das Dunkel erhellen.

Der erste Blitz trifft einen *Fanatiker,* den Schächer, der als Revolutionär zum Tod verurteilt ist. Jetzt erkennt er, daß er mit falschen Mitteln für ein falsches Ziel gekämpft hat. *Jesus, gedenke meiner, wenn du in dein Reich kommst!* Der zweite Blitz trifft den *römischen Söldner.* Er war nie im Tempel, er hat kaum eine Predigt Jesu gehört – aber dem Eindruck dieses Sterbens kann er sich nicht entziehen. *Dieser Mensch war in Wahrheit Gottes Sohn!*

Der dritte Strahl fällt auf einen *Pharisäer,* auf einen Mann, der das Kreuz sehen mußte, um den Mut zum letzten Schritt zu finden: Nikodemus. Seine Tat hat ihm sicher die gesellschaftliche Stellung gekostet. Aber jetzt gibt es für ihn keine Hemmung und keine Zweifel mehr.

Der vierte Blitzstrahl fährt in einen *Reichen:*

Joseph von Arimathäa. Einer von den reichen, satten Bürgern Jerusalems, jener Schicht, die nicht gerade wegen besonderer metaphysischer Bedürfnisse berühmt war. Wer hätte das für möglich gehalten! Er begibt sich in das Prätorium, um dem toten Erlöser die letzte Ehre zu sichern.

Das sind die leuchtenden Blitze des Karfreitags. Sie streifen einen Reichen, einen Pharisäer, einen Fanatiker und einen römischen Soldaten – Menschen aus den Kreisen, die am weitesten von Christus weg waren.

Das Dunkel von Golgatha verliert etwas von seiner lastenden Schwere. Der fahle Tote am düsteren Holz bleibt doch das Licht der Welt, wie Er es von sich gesagt hat. Und so kommt es, daß wir in einer Karfreitagsbetrachtung nachzusinnen beginnen über die Art, in der Christus Seine Siege erringen will, damals wie heute: nicht mit Gewalt und Macht, mit Rhetorik und Propaganda – sondern aus der Kraft des Opfers flammt der Gnadenstrahl, der das Herz verwandelt –, und dieser Blitz schlägt Breschen in das tiefste Dunkel der Welt.

Ostersieg

Ich möchte Sie heute, am Karsamstag, zu einigen
Minuten Grabwache einladen. Lassen wir uns
also vor dem schlichten Felsengrab nieder, vor
dem der große Rollstein liegt. – Die Schnüre und
Siegel des Hohen Rates und die sich langweilen-
den römischen Posten streifen wir heute, nach
zweitausend Jahren Christentum, mit einem lei-
sen Lächeln; die Welt hat zwar ihre eindrucks-
vollsten Repräsentanten aufgeboten – Bürokra-
tie und Uniform –, um zu verhindern, daß an
diesem Grabe etwas passiert, was die Ordnung
stören könnte. Aber dieses Grab und sein
Geheimnis haben die Ordnung der Welt auf den
Kopf gestellt.
Wenn ich vor dem Grab Christi weile, komme
ich mir vor, als säße ich an einer großen Endstation. Als liefen hier aus allen Ländern und Zei-
ten, aus allen Epochen und Völkern die Bahnen
und Wege zusammen, auf denen menschliches
Leid, menschliches Elend, menschliche Sünde,
auf denen Tod und Blut und Schrecken und
Unzulänglichkeit und Versagen heranwandern –

in endlosen, grauen Zügen. Alles, was mühselig und beladen ist, steht vor diesem Grab. Und vor diesem Stein verlöschen alle Seufzer, alles Weinen wird still, alle Not hat ein Ende. *Das Frühere ist nicht mehr,* spricht es aus diesem Grab. Und: *Seht, ich habe die Welt überwunden.* Hinter dem großen Stein, zu dem jeder am Ende kommt, gibt es keine Bitterkeit mehr, wenn du an mich glaubst und an das Geheimnis meines Grabes, sagt der Herr. Ich teile dieses Geheimnis mit euch allen. Ich habe nie daran gedacht, Auferstehung für Mich allein zu feiern, sondern doch nur mit euch! Mit allen, die im Herzen die Liebe nicht verschüttet haben, feiere Ich Auferstehung, sagt Christus. Ich habe am Kreuz meine Arme viel weiter ausgespannt, als die Frömmsten unter euch zu denken wagen!

Das Grab Christi ist die große Endstation. Und wir alle, die wir uns müde vor diesem Grabe niederlassen, wissen als Glaubende, daß jenseits dieses Steines unser Leben beginnt. Am Grab des Welterlösers bricht das Thema des Totentanzes, dessen Bilder unsere Friedhöfe zieren, jäh ab. Dem unerbittlichen Geiger, der jedem das Finale spielt, sinkt die Fiedel aus der Hand. Der Sohn Gottes eröffnet den Reigen der Auferstandenen, einen Reigen, der uns staunende, kleine

Geschöpfe hineinführen wird in das gleißende Licht des dreifaltigen Gottes. Wie wird das sein? – Wir werden Menschen sein wie jetzt, mit Leib und Seele, aber frei von jeder Schwere und jedem Schmutz der Erde. Wir werden sein wie der Auferstandene. Mehr weiß ich nicht zu sagen. – Wie lange wird es dauern, bis es mit uns soweit sein wird? – Was bedeutet schon jenseits des Grabes die Zeit?! – Hinter dem großen Stein ticken unsere Präzisionsuhren nicht mehr. Mehr kann ich nicht sagen. Ich denke mir, liebe Leser, daß wir einmal über diese Fragen lächeln werden, die uns hier bewegen, während wir schauend und sinnend und hoffend vor dem Felsengrab von Jerusalem sitzen. Es wird alles anders sein – und so gewaltig, daß ich Ihnen in vier Stunden auch nicht mehr sagen könnte als mit diesen wenigen Zeilen.

Wir müssen das Grab Christi verlassen. Aber Seine Botschaft ist so herrlich – daß wir als Christen in diesen Tagen nicht *nur* mit bunten Eiern und Palmkätzchen spielen dürfen. Es muß auch eine wahre Glaubensfreude in uns auflodern – wie das Feuer der Osternacht!

Weitere Bücher
von Bischof Reinhold Stecher
im Tyrolia-Verlag

Heiter-besinnlich rund um den Krummstab
mit Illustrationen des Autors
Die heiteren, humorvollen und hintergründigen Geschichten greifen wichtige Themen der christlichen Verkündigung auf, bringen zum Schmunzeln und wecken Freude, wollen aber auch zu tieferem Nachdenken anregen.

Dazu gibt es auch eine Doppel-Musikkassette in Geschenkbox, Spieldauer 120 Minuten, vom Autor selbst gelesen und mit Musik gestaltet.

Botschaft der Berge
mit großformatigen Farbbildern
„Viele Wege führen zu Gott – einer führt über die Berge."
Ein begeisternder Bildband mit einfühlenden Texten über das Erlebnis der Bergwelt. Bild und Text stehen in diesem repräsentativ gestalteten Werk in wohltuender Harmonie.

Ein Singen geht über die Erde
Österliche Bilder und Gedanken
mit Aquarellen des Autors
Die Gedanken und Bilder führen den Leser in unnachahmlicher Weise zum tieferen Verständnis der Auferstehung als Fundament des Glaubens heran, denn Christsein heißt: Zeuge der Auferstehung sein.